HISTOIRE ET DESCRIPTION

DE

L'HOPITAL MILITAIRE

DU

VAL-DE-GRACE

(ANCIENNEMENT ÉGLISE ET MONASTÈRE)

PAR

M. V. RUPRICH-ROBERT

INSPECTEUR GÉNÉRAL DES MONUMENTS HISTORIQUES

Prix : 1 franc

PARIS

LIBRAIRIE PLON

E. PLON, NOURRIT et Cⁱᵉ, IMPRIMEURS-ÉDITEURS

RUE GARANCIÈRE, 10

HOPITAL MILITAIRE

DU

VAL-DE-GRACE

(ANCIENNEMENT ÉGLISE ET MONASTÈRE)

HOPITAL MILITAIRE

DU VAL-DE-GRACE

(ANCIENNEMENT ÉGLISE ET MONASTÈRE).

HISTOIRE. — *Après vingt années de mariage, en 1638, Anne d'Autriche, femme du roi Louis XIII, mit au monde un fils qui monta sur le trône cinq ans plus tard, sous le nom de Louis XIV. Afin de réaliser la promesse qu'elle avait faite d'élever un temple à Dieu s'il lui accordait un fils, la Reine, le 21 février 1645, faisait commencer les fouilles pour les fondations de la nouvelle église ; elle avait choisi l'emplacement de l'hôtel du Petit-Bourbon, ancien fief de Valois, qu'elle avait acheté en 1621, et où elle avait déjà établi les religieuses de l'ordre de Saint-Benoît, venues de l'abbaye du Val-de-Grâce de Notre-Dame de la Crèche, situé au Val-Profond, à trois lieues de Paris, et ainsi désigné, depuis 1515, par lettres patentes de François Ier. De là vint le nom de Val-de-Grâce, donné au nouveau monastère.*

La première pierre de l'église fut posée le 1er avril 1645, par le Roi, alors âgé de moins de six ans et demi, qui était accompagné de sa mère et de son jeune frère, Philippe de France, duc d'Orléans.

Une médaille d'or, du poids d'un marc trois onces, fut déposée dans les fondations. Il en existe un second exemplaire au Cabinet des Médailles, et un troisième, en cuivre, à la Monnaie.

FRANÇOIS MANSART avait été chargé de dresser les plans de l'édifice. Il construisit rapidement la vaste crypte placée au-dessous, et fut bientôt arrivé à la hauteur du pavé du péristyle, au-dessus duquel il éleva les premières assises à environ trois mètres de hauteur. Mais les dépenses faites jusqu'alors parurent considérables (ce que justifiait cependant l'état du sol profondément bouleversé par d'anciennes carrières), et MANSART, pénétré de son sujet, ne voulant d'ailleurs rien changer à l'importance du projet adopté, fut obligé d'abandonner la direction des travaux.

JACQUES LE MERCIER continua l'œuvre commencée, en respectant les dispositions primitives, à l'exception de celle de la chapelle du chevet à laquelle il donna un peu plus d'étendue. Il éleva les murs de l'édifice jusqu'à la hauteur de la corniche intérieure de la nef ; il y était arrivé en 1651, époque où les guerres civiles jetèrent le trouble dans les finances et amenèrent dans les travaux une suspension d'environ trois années.

LE MERCIER mourut en 1654, précisément à l'époque où les travaux allaient être repris.

PIERRE LE MUET, qui, depuis le commencement de l'entreprise, avait surveillé les travaux en qualité de second de MANSART et de LE MERCIER, devint alors l'architecte en chef du monument ; mais ce fut pour peu de temps ; il n'avait encore dessiné que le péristyle de la façade principale lorsqu'on lui adjoignit GABRIEL LE DUC, *qui resta bientôt seul chargé de mener à fin ce gigantesque travail.*

LE DUC *reprit la construction à partir de la naissance des voûtes de la nef; il peut être par conséquent considéré comme l'auteur principal de l'église du Val-de-Grâce, qu'il achevait en 1665, en conservant, ainsi que l'avait fait* LE MERCIER, *les dispositions générales du projet de* MANSART.

Les constructions complémentaires, le cloître, les cuisines, le réfectoire, la salle capitulaire et l'appartement de la Reine, ont été élevés de 1655 à 1665.

Pendant ces mêmes années, on décorait l'église de magnifiques peintures : PIERRE MIGNARD *avait peint la grande coupole, en treize mois, dit-on. Il avait eu l'intention d'y représenter la Sainte Trinité et les principaux mystères de la Rédemption, et l'avait retouchée lui-même au pastel.* PHILIPPE DE CHAMPAIGNE, *de son côté, peignait à l'huile la voûte au-dessus de l'autel de la chapelle du Saint-Sacrement.*

Le monastère a possédé jusqu'en 1793 de nombreux ouvrages d'orfèvrerie, d'une valeur considérable, dus à la générosité de la fondatrice. Parmi ces objets, on remarquait un ostensoir, dit grand soleil, d'or, émaillé de couleurs de feu, et garni de diamants; il avait coûté sept années de travail et quinze mille francs de façon. On peut avoir quelque idée de l'importance de ces richesses par le testament d'Anne d'Autriche accompagné de la liste des ornements légués par elle au monastère, et par la Déclaration *des biens mobiliers du 27 février 1790, de Jean-Louis le Couteux de la Norray, lieutenant du maire au département du Domaine de la Ville de Paris. Ces deux pièce sont conservées aux Archives nationales.*

L'usage avait été, du vivant de la Reine mère, de déposer dans le caveau situé sous la chapelle Sainte-Anne le cœur des princes et princesses de la famille royale, et dans la communauté leur première chaussure; il y eut jusqu'à quarante-cinq cœurs réunis dans ce caveau; en 1792 ils furent détruits, et les boîtes en vermeil qui les contenaient envoyées à la Monnaie pour y être fondues.

La bibliothèque contenait 2850 volumes.

*La grande révolution du siècle dernier supprima complétement l'administration du Val-de-Grâce. L'hospice de la Maternité y fut installé et y resta peu de temps. Le 3 juillet 1793, la Convention nationale transformait les bâtiments du monastère en hôpital militaire, et l'église en magasin central des hôpitaux. C'est à cette époque qu'*ALEXANDRE LENOIR *fit transporter au musée des Petits-Augustins divers objets d'art, parmi lesquels le groupe en marbre de la Nativité, de* MICHEL ANGUIER, *qui était placé sur le maître-autel, et le bas-relief en bronze doré qui en décorait la partie inférieure; ce groupe est aujourd'hui placé sur l'autel de la Sainte Vierge de l'église Saint-Roch, à Paris, à laquelle il a été donné par Napoléon Ier. Le bas-relief a disparu.*

Les soldats malades furent reçus au Val-de-Grâce seulement en 1814. Des bâtiments nouveaux furent élevés dans les jardins, et en 1827 l'église fut rendue au culte.

De 1862 à 1865, la coupole, en bois recouvert de plomb doré par parties, a été reconstruite en fer par le génie militaire.

Le maître-autel, détruit en 1793, fut rétabli en 1869 et 1870, dans sa forme primitive et aux frais de la Liste civile. Il a coûté environ 30,000 francs. Le groupe de la Nativité, copié d'après celui de MICHEL ANGUIER, *a été payé le même prix par l'administration des Beaux-Arts.*

D'anciens plans du Val-de-Grâce sont conservés aux Archives nationales. Le plus

intéressant d'entre eux, à l'échelle d'environ deux millimètres pour mètre, sans date,
indique les dispositions générales du monastère avec la destination des pièces et
les jardins. Il paraît remonter au règne de Louis XV. On l'a attribué à tort à
F. MANSART.

BIBLIOGRAPHIE. — *Les Antiquités de la ville de Paris,* par Claude MALINGRE, 1640. 1 vol. in-fol.
Déclaration des biens mobiliers et immobiliers du 27 février 1790, par-devant Jean-Louis Le Conteulx de la Norray.
Carton 1038. — Archives nationales.
Discours prononcé en 1843 à l'hôpital militaire du Val-de-Grâce par M. le docteur BAUDENS, broch. in-8°.
Description archéologique des monuments de Paris, par Ferdinand DE GUILHERMY, 1856. 1 vol. in-12.
Notice sur l'ancien monastère du Val-de-Grâce, par M. l'abbé DE BERTRAND DE BELFRON, 1873, broch. in-12.
L'Église et le Monastère du Val-de-Grâce, 1645-1665, par M. V. RUPRICH-ROBERT, 1865, in-4°.

DESCRIPTION.

EXTÉRIEUR.

COURS.

COUR D'HONNEUR.

Dans la cour d'entrée, à gauche, sur un piédestal de granit :

Dominique-Jean baron Larrey (1766-1842), chirurgien militaire. — Statue. — Bronze. — H. 3ᵐ,23. — Par DAVID D'ANGERS (PIERRE-JEAN). — Fondeurs : ECK et DURAND.

Cette statue, érigée par souscription nationale, a été fondue en 1846, et inaugurée le 8 août 1850.

Nous ne jugeons pas utile de décrire ici la statue de Larrey, le modèle en plâtre de cette œuvre d'art ayant été l'objet d'une description dans l'*Inventaire des Richesses d'art.* (Voyez PROVINCE, tome III, *Maine-et-Loire,* musée David, p. 115.)

Sur le piédestal :

Bérésina. — Bas-relief. — Bronze. — H. 0ᵐ,75. — L. 1ᵐ. — Par DAVID D'ANGERS (PIERRE-JEAN).

Pyramides. — Bas-relief. — Bronze. — H. 0ᵐ,75. — L. 1ᵐ. — Par DAVID D'ANGERS (PIERRE-JEAN).

Somo-Sierra. — Bas-relief. — Bronze. — H. 0ᵐ,75. — L. 1ᵐ. — Par DAVID D'ANGERS (PIERRE-JEAN).

Austerlitz. — Bas-relief. — Bronze. — H. 0ᵐ,75. — L. 1ᵐ. — Par DAVID D'ANGERS (PIERRE-JEAN).

Les modèles des quatre bas-reliefs qui décorent le piédestal de la statue de Larrey se trouvent également décrits dans l'inventaire du musée David. *Loco citato,* p. 115-116.

DEUXIÈME COUR.

Dans la deuxième cour, à droite, on voit, dans une niche :

François-Joseph-Victor Broussais (1772-1838), médecin en chef du Val-de-Grâce. — Statue. — Bronze. — H. 1ᵐ,55. — Par BRA (EUSTACHE-MARIE-JOSEPH), 1840.

Broussais, en costume moderne, drapé dans un large manteau, est assis ; le pied gauche posé sur trois volumes placés à plat sur le socle. La main gauche appuie sur le bras du fauteuil ; la tête est nue et tournée vers l'épaule gauche. Le visage exprime la réflexion.

Le piédestal de la statue porte les inscriptions suivantes sur trois de ses faces.

Face antérieure :

A

F. J. V. BROUSSAIS
FONDATEUR
DE LA MÉDECINE PHYSIOLOGIQUE
MÉDECIN EN CHEF — PREMIER PROFESSEUR
DE L'HOPITAL MILITAIRE DU VAL-DE-GRACE
MEMBRE DU CONSEIL DE SANTÉ DES ARMÉES
PROFESSEUR
DE LA FACULTÉ DE MÉDECINE DE PARIS
MEMBRE DE L'INSTITUT DE FRANCE
COMMANDEUR DE LA LÉGION D'HONNEUR
NÉ A SAINT-MALO LE 17 DÉCEMBRE 1772
DÉCÉDÉ A PARIS LE 17 NOVEMBRE 1838
SES AMIS, SES ÉLÈVES
ET LES ADMIRATEURS DE SON GÉNIE.

Face de gauche :

HISTOIRE
DES PHLEGMASIES CHRONIQUES
EXAMEN
DES DOCTRINES MÉDICALES
ANNALES
DE LA MÉDECINE PHYSIOLOGIQUE
TRAITÉ
DE PHYSIOLOGIE
DE PATHOLOGIE ET DE THÉRAPEUTIQUE
DE L'IRRITATION ET DE LA FOLIE
COURS
DE PHRÉNOLOGIE.

Façade de droite :

« FORMEZ UN TABLEAU AUSSI VRAI QU'ANIMÉ DU MALHEUREUX LIVRÉ AUX ANGOISSES DE LA DOULEUR ; DÉBROUILLEZ-MOI, PAR UNE SAVANTE ANALYSE, LES CRIS SOUVENT CONFUS DES ORGANES SOUFFRANTS ; FAITES-MOI CONNAITRE LEURS INFLUENCES RÉCIPROQUES ; DIRIGEZ HABILEMENT MON ATTENTION VERS LE DOULOUREUX MOBILE DU DÉSORDRE UNIVERSEL QUI FRAPPE MES SENS, AFIN QUE J'AILLE Y PORTER AVEC SÉCURITÉ LE BAUME CONSOLATEUR QUI DOIT TERMINER CETTE SCÈNE DÉCHIRANTE ; ALORS J'AVOUERAI QUE VOUS ÊTES UN HOMME DE GÉNIE. »

(*Examen*, préface, 1816, page 8.)

La statue est signée, à gauche sur le socle : T. BRA. 1840.

Ce monument a été inauguré le 21 août 1841.

FAÇADES.

FAÇADE PRINCIPALE.
(Cour d'honneur.)

De chaque côté du péristyle sont placées dans deux niches deux figures.

A gauche :

Sainte Scholastique. — Statue. — Pierre. — H. 2^m,45. — Par DEVAULX (FRANÇOIS-THÉODORE).

En costume de religieuse ; long voile tombant sur les épaules ; elle tient une crosse d'abbesse dans la main droite, une croix dans la main gauche qui est appuyée sur la poitrine.

Signé à gauche, sur le socle : DEVAULX 1866.

A droite :

Saint Benoît. — Statue. — Pierre. — H. 2^m,53. — Par DEVAULX (FRANÇOIS-THÉODORE).

Debout, tête nue, tournée vers l'épaule droite ; en costume de son ordre ; il tient une crosse d'abbé de la main gauche, et de la droite il presse sur sa poitrine un livre fermé.

Signé à droite, sur le socle : DEVAULX 1866.

Ces deux statues remplacent deux figures en marbre, primitivement exécutées par ANGUIER (François), qui ont été détruites.

Dans le fronton au-dessus du péristyle, étaient sculptées, dans l'origine, à la place du cadran actuel, les armes de France et d'Espagne. Il existe encore dans les angles deux figures qui leur servaient de support.

Anges couchés. — Statues. — Pierre. — Longueur des figures, environ 2^m,50.

— Par ANGUIER (FRANÇOIS) ou REGNAUDIN (THOMAS).

Germain Brice, dans sa *Description de la l'ille de Paris* (Paris, 1706, 2 vol. in-12, t. II, p. 168), s'exprime ainsi : « Un second ordre s'élève avec de grandes consoles aux deux extrémités, dans le fronton duquel on a placé les armes de France et d'Espagne sur un cœur soutenu par des Anges, le tout exécuté par RENAUDIN. » Mais, d'autre part, Guillet de Saint-Georges, dont l'autorité est assurément supérieure à celle de Germain Brice, écrit dans son *Mémoire historique sur les ouvrages de M.* BUYSTER, lu à l'Académie le 7 octobre 1690 : « Dans la façade au-dessus de la porte, M. BUYSTER a fait deux petites figures d'Anges... Les deux autres figures d'Anges qui tiennent les armes de la Reine dans le fronton du second ordre qui est composite, sont de M. ANGUIER l'aîné, frère de l'académicien. » (*Mémoires inédits sur la vie et les ouvrages des membres de l'Académie royale de Peinture et de Sculpture*, Paris, 1854, t. I, p. 286.)

FAÇADE POSTÉRIEURE.
(Côté des jardins.)

Les deux angles extérieurs de la chapelle du Saint-Sacrement sont couronnés par deux groupes :

Anges adultes. — Groupes. — Pierre. — H. 2^m,15. — L. environ 2^m. — Par ANGUIER (FRANÇOIS).

Chacun de ces groupes comporte quatre figures dans des attitudes diverses. Ces sculptures ont été restaurées.

DOME.

Au bas de la coupole sont placées seize figures :

Anges enfants. — Statues. — Pierre. — H. 3^m. — Par ANGUIER (FRANÇOIS).

Debout, ces anges supportent des pots à feu.

INTÉRIEUR.

Il se compose d'une nef, accompagnée de chapelles latérales, au nombre de trois de chaque côté ; d'une partie centrale surmontée d'une vaste coupole, et de trois chapelles, l'une, à gauche, dédiée à *Sainte Anne*, la seconde, à droite, dédiée à *Saint Louis*, et la troisième, au fond, au delà de la coupole, dite chapelle du *Saint-Sacrement*, à laquelle on n'accède que par de petites galeries adossées au monument qu'elles enveloppent. La nef et ces trois chapelles forment une croix latine. Quatre petites salles de forme ovale existent entre les bras de la croix. L'une d'elles, servant de chapelle, a conservé le nom d'*Oratoire de la Reine*.

NEF.

Les arcades de la nef ouvrant sur les chapelles sont décorées, chacune, de deux figures placées dans les tympans.

COTÉ GAUCHE.

Première arcade :

La Tempérance, la Force. — Bas-relief. — Pierre. — H. 5ᵐ. — L. environ 3ᵐ,50. — Par ANGUIER (MICHEL).

La Tempérance, ayant une bride dans la main droite, tient horizontalement un vase plein dans la main gauche.

La Force, coiffée d'un casque, la main droite appuyée sur une massue, a devant elle un fût de colonne, surmonté d'une peau de lion.

A la clef de l'arc, une branche de chêne et une branche d'olivier.

Deuxième arcade :

La Religion, la Dévotion. — Bas-relief. — Pierre. — H. 5ᵐ. — L. environ 3ᵐ,50. — Par ANGUIER (MICHEL).

La Religion, la main gauche appuyée sur l'Évangile, tient une palme de la main droite. Au fond, un temple avec frontispice orné de quatre colonnes.

La Dévotion est représentée sous la forme d'une figure ailée, en prière, les mains jointes; elle a sur les genoux un livre ouvert, avec un cœur enflammé.

A la clef de l'arc, deux branches de laurier.

Troisième arcade :

La Foi, la Charité. — Bas-relief. — Pierre. — H. 5ᵐ. — L. environ 3ᵐ,50. — Par ANGUIER (MICHEL).

Couronnée de roses, la main droite appuyée sur les Tables de la Loi, la main gauche sur un livre, la Foi porte un flambeau et foule aux pieds une tête de monstre symbolisant l'Erreur.

La Charité donne le sein à un enfant nu, et tient un cœur dans la main gauche. Un autre enfant, debout, s'approche d'elle.

A la clef de l'arc, une branche de chêne et une branche d'olivier.

COTÉ DROIT.

Première arcade :

La Prudence, la Justice. — Bas-relief. — Pierre. — H. 5ᵐ. — L. environ 3ᵐ,50. — Par ANGUIER (MICHEL).

La Prudence, la tête enveloppée de drape-

ries, tient une tête de mort dans la main droite levée à la hauteur de l'épaule. Un miroir posé dans sa main gauche réfléchit les deux têtes.

La Justice, couronnée d'un diadème, tient des balances dans la main gauche, et un cœur dans la main droite.

A la clef de l'arc, une branche de chêne et une branche d'olivier.

Deuxième arcade :

La Bonté, la Bénignité. — Bas-relief. — Pierre. — H. 5ᵐ. — L. environ 3ᵐ,50. — Par ANGUIER (MICHEL).

La Bonté a les deux bras ouverts; sur ses genoux pose un pélican se déchirant les entrailles pour nourrir ses petits.

La Bénignité se presse le sein de la main droite, et tient une étoile dans la main gauche. De grandes draperies flottent au-dessus de l'épaule gauche. Devant elle un trépied enflammé, surmonté d'étoiles.

Sur la clef de l'arc, deux branches de laurier.

Troisième arcade :

L'Humilité, la Virginité. — Bas-relief. — Pierre. — H. 5ᵐ. — L. environ 3ᵐ,50. — Par ANGUIER (MICHEL).

L'Humilité repousse un ange lui présentant des couronnes. Elle foule aux pieds un diadème et un sceptre renoué de bandelettes.

La Virginité tient un bouquet de lys dans la main droite. Devant elle est un trépied enflammé, surmonté d'étoiles. A ses pieds est un agneau.

Sur la clef de l'arc, une branche de chêne et une branche d'olivier.

VOUTE.

La voûte en berceau est divisée en trois travées, séparées par des arcs doubleaux.

Dans chaque travée est un grand panneau rectangulaire qui occupe le milieu; de chaque côté sont deux médaillons circulaires accostés, chacun, de deux petits panneaux rectangulaires.

Première travée :

PANNEAU CENTRAL.

Ange adulte. — Bas-relief. — Pierre. — H. 2ᵐ,20. — L. 1ᵐ,30. — Par ANGUIER (MICHEL).

En pied, debout, le torse nu, les jambes enveloppées d'une draperie, il regarde vers sa gauche. La main droite est relevée au-dessus de la tête; la main gauche retient une banderole sur laquelle est une inscription en langue hébraïque.

MÉDAILLONS CIRCULAIRES.

A gauche du panneau central :

Sainte Anne. — Bas-relief. — Pierre. — Diam. 1m,70. — Par ANGUIER (MICHEL).

En buste, de profil, la tête tournée vers l'autel. Indication de vêtement.

A droite du panneau central :

Saint Joachim. — Bas-relief. — Pierre. — Diam. 1m,70. — Par ANGUIER (MICHEL).

En buste, regardant l'autel, la tête enveloppée d'une ample draperie qui retombe sur la poitrine. Grande barbe.

PETITS PANNEAUX.

Anges portant des candélabres. — Bas-relief. — Pierre. — H. 2m,18. — L. 0m,82. — Par ANGUIER (MICHEL).

Dans les deux panneaux dont le médaillon de sainte Anne est accosté, les Anges sont représentés un genou en terre, et sont drapés.

Dans les deux panneaux correspondants, autour de saint Joachim, les anges sont demi-nus et debout.

Aux quatre angles ménagés dans la voussure autour des médaillons de sainte Anne et de saint Joachim, est une tête d'ange ailée.

PÉNÉTRATIONS DES FENÊTRES.

Anges volant. — Bas-relief. — Pierre. — H. 3m. — L. 1m. — Par ANGUIER (MICHEL).

A gauche, petit ange volant vers l'autel, le corps entièrement nu ; il est vu de profil et tient une couronne. Une draperie flottante, enroulée autour du bras gauche, passe sur la partie inférieure du corps.

A droite, petit ange nu volant vers l'autel. Il est vu de profil, et tient dans ses mains une couronne et une palme.

Deuxième travée :

PANNEAU CENTRAL.

Ange adulte. — Bas-relief. — Pierre. — H. 2m,20. — L. 1m,30. — Par ANGUIER (MICHEL).

En pied, debout, la partie droite du corps découverte, il tient de ses deux mains une banderole sur laquelle est gravée une inscription en langue hébraïque.

MÉDAILLONS CIRCULAIRES.

A gauche du panneau central :

Saint Joseph. — Bas-relief. — Pierre. — Diam. 1m,70. — Par ANGUIER (MICHEL).

En buste, la tête découverte, tournée vers l'autel. Indication de vêtement.

A droite du panneau central :

La Sainte Vierge. — Bas-relief. — Pierre. — Diam. 1m,70. — Par ANGUIER (MICHEL).

En buste, un léger voile sur les cheveux ; corsage montant.

PETITS PANNEAUX.

Anges portant des candélabres. — Bas-relief. — Pierre. — H. 2m,18. — L. 0m,82. — Par ANGUIER (MICHEL).

Dans les deux panneaux sculptés de chaque côté du médaillon de saint Joseph, les Anges sont debout et nus.

Dans les deux panneaux correspondants, de chaque côté de la Sainte Vierge, les Anges, drapés, ont le genou en terre.

Aux quatre angles. ménagés dans la voussure, autour des médaillons, des têtes d'anges ailées.

PÉNÉTRATIONS DES FENÊTRES.

Anges volant. — Bas-relief. — Pierre. — H. 3m. — L. 1m. — Par ANGUIER (MICHEL).

A gauche, petit ange, nu, vu de profil, volant vers la porte de l'église ; il tient sur son épaule droite un sceptre, et dans sa main gauche une couronne.

A droite, petit ange, nu, vu de face, volant vers l'autel, et portant dans ses mains des fleurs et une couronne.

Troisième travée :

PANNEAU CENTRAL.

Ange adulte. — Bas-relief. — Pierre. — H. 2m,20. — L. 1m,30. — Par ANGUIER (MICHEL).

En pied, debout, volant ; le haut du corps nu ; la main droite levée au-dessus de la tête fait flotter une banderole sur laquelle est une inscription en langue hébraïque.

MÉDAILLONS CIRCULAIRES.

A gauche du panneau central :

Sainte Élisabeth. — Bas-relief. — Pierre. — Diam. 1m,70. — Par ANGUIER (MICHEL).

En buste, vue de profil, le visage vieilli, le front enveloppé d'un voile dont les extrémités couvrent la gorge et le haut de la poitrine.

A droite du panneau central :

Saint Zacharie. — Bas-relief. — Pierre. — Diam. 1m,70. — Par ANGUIER (MICHEL).

En buste, la tête nue ; front chauve ; longs cheveux sur les tempes ; grande barbe ; les épaules drapées.

Tous les personnages représentés dans les médaillons ont la tête dirigée vers l'autel, à l'exception de sainte Élisabeth et de saint Zacharie, dont le regard est tourné vers la porte de l'église.

PETITS PANNEAUX.

Anges portant des candélabres. — Pierre. — H. 2ᵐ,18. — L. 0ᵐ,82. — Par Anguier (Michel).

Dans les deux panneaux dont le médaillon de sainte Élisabeth est accosté, les anges sont représentés un genou en terre et drapés.

Dans les deux panneaux correspondants, de chaque côté de saint Zacharie, les anges sont debout et nus.

Aux quatre angles ménagés dans la voussure, têtes d'anges ailées.

PÉNÉTRATIONS DES FENÊTRES.

Anges volant. — Bas-relief. — Pierre. — H. 3ᵐ. — L. 1ᵐ. — Par Anguier (Michel).

A gauche, petit ange, nu, volant vers la porte de l'église, le corps vu de profil ; dans la main droite, il tient une couronne ; de l'autre, une palme.

A droite, petit ange, volant également vers la porte ; il tient des deux mains une grande couronne, et tourne la tête sur l'épaule droite.

CHŒUR.

En entrant dans le chœur, qui est élevé de quelques degrés au-dessus de la nef, on trouve à gauche la chaire, travail moderne.

Sur le pilier de droite :

La France, appuyée par la Religion, consacrant à Notre-Dame de Gloire des drapeaux pris sur l'ennemi. — Toile. — H. 2ᵐ,50. — L. 1ᵐ,43. — Par Perrin (Jean-Charles-Nicaise).

La France, sous les traits d'une jeune femme, la tête couronnée, drapée d'hermine et vêtue d'un manteau de velours bleu semé d'abeilles, s'agenouille en inclinant un drapeau étranger devant la Vierge, qui est portée sur des nuages et entourée d'anges. A la droite de la France, la Religion, debout, enveloppée de longs voiles et soutenant une croix de la main gauche, baisse la tête avec respect. Les anges placés dans les airs agitent des palmes. Au fond, à gauche, dans un demi-jour, le panorama de Notre-Dame de Paris et de la Cité.

Ce tableau, non signé, a été commandé par Napoléon Iᵉʳ pour décorer le maître-autel de la chapelle de l'Empereur aux Tuileries. A une date que nous ignorons, il a pris place dans la chapelle de l'École militaire, et lors de l'abandon de cette chapelle, transformée en bibliothèque, cette peinture a été placée au Val-de-Grâce.

Salon de 1806 (nº 415).

Le chœur est surmonté d'une coupole supportée par quatre pendentifs.

Dans chacun d'eux un grand médaillon circulaire.

Premier pendentif, à la gauche du spectateur regardant l'autel :

Saint Marc. — Bas-relief. — Pierre. — Diam. 3ᵐ,50. — Par Anguier (Michel).

Il est assis, largement drapé ; la tête est dirigée vers l'épaule droite ; il trace les caractères de l'Évangile ; ses pieds sont appuyés sur le Lion.

Deuxième pendentif, à gauche :

Saint Jean. — Bas-relief. — Pierre. — Diam. 3ᵐ,50. — Par Anguier (Michel).

Assis, il ouvre de la main gauche le livre placé sur un lutrin au bas duquel est l'Aigle symbolique. L'évangéliste tient la plume dans la main droite. La jambe gauche est relevée sur le genou droit.

Troisième pendentif, à droite :

Saint Luc. — Bas-relief. — Pierre. — Diam. 3ᵐ,50. — Par Anguier (Michel).

Assis devant un chevalet, le haut du corps demi-nu, la tête tournée vers l'épaule gauche, il dessine le portrait de la Sainte Vierge. Il porte une longue chevelure et une forte barbe.

Quatrième pendentif, à droite :

Saint Matthieu. — Bas-relief. — Pierre. — Diam. 3ᵐ,50. — Par Anguier (Michel).

Saint Matthieu, assis, est appuyé du bras gauche sur des textes, et il écrit sur un livre ouvert devant lui.

Au-dessus de chacune de ces médailles sont sculptées deux têtes d'anges en bas-relief.

Au-dessous des médaillons sont représentées alternativement :

Les Armoiries de la Reine et les Armoiries d'Espagne, supportées par deux Génies ailés et surmontées de la couronne royale. — Bas-relief. — Pierre de Tonnerre, rapportée. — H. 2ᵐ,30. — L. 2ᵐ,50. — Par Anguier (Michel).

Sur les côtés de chacun des médaillons, vers le haut :

Anges portant des phylactères et des trompettes. — Bas-relief. — Pierre. — H. 2ᵐ,20. — L. 2ᵐ,50. — Par Anguier (Michel).

Il y a deux figures d'anges sur chacun des côtés.

COUPOLE.

L'Ancien et le Nouveau Testament. — Peinture murale. — Diam. 16ᵐ,40. — Par Mignard (Pierre).

Une description assez exacte du sujet qu'elle contient ayant été faite par Hurtaut, dans son *Dictionnaire historique de la ville de Paris*, 1779, tome I, page 121, nous la reproduisons ici :

« L'Agneau immolé, environné d'anges
« prosternés, et le chandelier à sept branches
« attirent les premiers regards des specta-
« teurs. On lit au-dessous de l'Agneau ces pa-
« roles du premier chapitre de l'Apocalypse :

« FUI MORTUUS, ECCE SUM VIVENS.

« Plus haut est un ange qui porte le Livre
« scellé des sept sceaux, dont il est parlé dans
« l'Apocalypse. La Croix, le mystère et le
« signe de notre Salut, est vue dans les airs,
« portée et soutenue par cinq anges. Dans
« le centre, est un trône de nuées, sur le-
« quel sont les trois personnes de la Trinité.
« On voit dans le Père son éternité, sa puis-
« sance infinie et sa majesté. Sa main droite
« est étendue, et, de la gauche, il tient le globe
« du monde. Le Fils, toujours occupé du salut
« des hommes, présente à son Père les élus
« qu'il lui a donnés, et fait parler pour eux le
« sang qu'il a répandu. Le Saint-Esprit, sous
« la figure d'une colombe, est au-dessus du
« Père et du Fils. Un cercle de lumière les
« environne et éclaire tout ce tableau. Les
« chœurs des anges, groupés dans cette lu-
« mière, composent le premier ordre de la
« Cour céleste. Une infinité de chérubins
« entoure la Divinité ; mais les plus proches
« du trône, n'en pouvant supporter l'éclat, se
« couvrent de leurs ailes ; d'autres, plus éloi-
« gnés, forment des concerts.

« La Sainte Vierge est à genoux, auprès
« de la croix ; elle est accompagnée de la
« Madeleine et des autres saintes femmes qui
« assistèrent à la mort et à la sépulture de
« Jésus-Christ. Saint Jean-Baptiste, tenant la
« croix qui le désigne ordinairement, est de
« l'autre côté.

« A droite de l'Agneau, sont saint Jérôme
« et saint Ambroise ; à gauche, saint Augustin
« et le pape saint Grégoire. A droite, on voit
« aussi saint Louis et sainte Anne, conduisant
« la reine Anne d'Autriche, qui dépose sa
« couronne aux pieds du Roi des rois, et lui
« présente le temple qu'elle vient d'élever à
« sa gloire.

« L'inscription en lettres de bronze doré,
« qui est à la frise du dedans de ce dôme, fait

« allusion à cette action ; elle est conçue en
« ces termes :

« ANNA AUSTRIACA D. G. FRANCORUM REGINA,
« REGNIQUE RECTRIX, CUI SUBJECIT DEUS OMNES
« HOSTES UT CONDERET DOMUM IN NOMINE SUO.

« Un groupe de nuées sépare saint Augustin
« et saint Grégoire des apôtres et des saints
« que l'Eglise honore comme confesseurs.
« Saint Benoît, Père des moines d'Occident,
« et dont les religieuses de cette abbaye sui-
« vent la règle, occupe ici une place distin-
« guée. Un nombre infini de martyrs se pré-
« sente ensuite. Plus bas sont les fondateurs
« d'ordres ; sous les martyrs, on lit ces mots :

« LAVERUNT STOLAS SUAS IN SANGUINE AGNI.
« (*Apoc.*, VII, 14.)

« Moïse, Aaron, David, Abraham, Josué,
« Jonas et quelques autres saints de l'Ancien
« Testament, occupent le bas du tableau. Les
« Anges qui emportent l'Arche d'alliance,
« nous apprennent par cette action que l'an-
« cienne Loi a fait place à la Loi de grâce, et
« qu'on ne peut plus mériter le ciel que par
« le sang de l'Agneau. *Salus Deo nostro et
« Agno. (Apoc.*, VII, 10.)

« Les Vierges viennent ensuite et rem-
« plissent ce qui reste de place. Ce passage
« de l'Apocalypse nous fait connaître qu'elles
« sont occupées à suivre partout l'Agneau.
« *Sequuntur Agnum quocumque ierit.* (*Apoc.*,
« XIV, 4.)

« Une foule d'Esprits célestes, répandus
« dans différents endroits, sont occupés, ou
« à présenter des palmes aux Vierges ou aux
« Martyrs, ou à faire fumer l'encens en l'hon-
« neur du Très-Haut. Enfin, au bas est une
« inscription qui convient à tout le tableau et
« qui est tirée du Psaume 149.

« *Sic exultant Sancti in gloria. Sic lœtan-
« tur in cubilibus suis.* »

BALDAQUIN.

Un riche baldaquin, supporté par six colonnes torses, domine le maître-autel. Ces
colonnes, d'ordre composite, sont en marbre
de Barbançon, noir, veiné de blanc, et Germain Brice, en les signalant au lecteur,
ajoutait : « Ce sont les seules qu'il y ait en
France de cette sorte ; la dépense a monté à
dix mille francs la pièce. » Posées sur des
piédestaux en marbre, les colonnes du baldaquin sont décorées de palmes et de rinceaux
en bronze doré. Les piédestaux portent sur
un empattement elliptique d'une hauteur d'un
mètre environ. La calotte du baldaquin est
formée de six grandes courbes reliées entre
elles par un plafond que surmonte un amor-
tissement de six consoles servant de support

à une croix posée sur un globe. Chaque courbe prend son point d'appui sur l'entablement d'une colonne avec des soubassements en marbre sur lesquels se trouvent des anges encenseurs. Des festons de palmes sont également fixés à ces entablements et servent de support aux petits anges qui tiennent dans leurs mains des phylactères. Les figures d'anges et le baldaquin proprement dit sont dorés d'or bruni ; les parties métalliques des piédestaux, les bases des chapiteaux, les modillons, les ornements du soffite et du plafond de la corniche sont dorés d'or mat.

Germain Brice nous apprend que « l'autel et tous ses accompagnements sont du dessin de GABRIEL LE DUC, architecte. ANGUIER a donné les dessins de tous les ornements et les a modelés lui-même avec un extrême soin. » Le renseignement ne laisse pas que d'être précieux ; cependant nous n'inscrirons sous le nom d'ANGUIER (Michel) dans les lignes qui vont suivre que les seuls ouvrages qui nous sont indiqués par Guillet de Saint-Georges ou Caylus comme ayant été sculptés par cet artiste.

Au-dessus des colonnes du baldaquin :

Quatre Figures d'anges adultes encenseurs. — Ronde bosse. — Bois doré. — H. 2ᵐ,50. — Par ANGUIER (MICHEL).

Guillet de Saint-Georges est très-explicite au sujet de ces figures d'anges encenseurs. « M. ANGUIER, dit-il, a fait au même autel (celui de l'église du Val-de-Grâce) quatre figures d'anges dorés, qui ont chacune sept pieds de haut et qui tiennent à la main des encensoirs pour jeter des parfums..... Ces figures sont posées au-dessus des quatre colonnes torses élevées de part et d'autre de la crèche. » (*Mémoires inédits*, etc., t. I, p.443.) Caylus (même volume, p. 459), dans sa notice sur MICHEL ANGUIER et THOMAS REGNAUDIN, confirme le témoignage de Guillet de Saint-Georges.

A la couronne, ou faisceau de roseaux, en bronze, posée sur les entablements de l'ordre, sont suspendues :

Huit Figures d'anges, enfants, tenant des phylactères. — Ronde bosse. — Bois doré. — H. 1ᵐ,30. — Auteur inconnu.

Sur les phylactères est inscrit le *Gloria in excelsis Deo.*

MAÎTRE-AUTEL.

Sur le maître-autel :

La Nativité. — Groupe. — Marbre. — H. 1ᵐ,40. — L. 3ᵐ,60. — Par MM. LEQUIEN (JUSTIN-MARIE), DESPREY (LOUIS)

et DENIS (CLÉMENT), 1869-1871. — D'après ANGUIER (MICHEL).

A gauche, la Vierge, entièrement drapée, un voile sur les cheveux, les mains croisées sur la poitrine, s'est agenouillée devant l'Enfant Jésus, nu, couché, les bras ouverts. Il repose sur une draperie de marbre dont les plis débordent sur la face antérieure du tabernacle placé au-dessous de cette figure. A droite, saint Joseph, debout, faisant un geste de surprise, semble s'approcher de l'Enfant avec respect et paraît prêt à fléchir le genou. Le saint porte une barbe abondante, de longs cheveux, et il est drapé avec ampleur.

La figure de la Sainte Vierge est de M. LEQUIEN, celle de saint Joseph de M. DESPREY, et celle de l'Enfant Jésus de M. CLÉMENT DENIS; elles ont été copiées d'après le groupe de MICHEL ANGUIER, actuellement dans l'église de Saint-Roch, à Paris.

Le groupe original est parfois attribué à FRANÇOIS ANGUIER. C'est un tort. Guillet de Saint-Georges (*loc. cit.*, p. 443), Caylus (p. 449), Germain Brice (édition de 1706, t. II, p. 171) disent formellement que ce groupe est de MICHEL ANGUIER. Germain Brice ajoute que les trois personnages de cette composition « sont des plus beaux ouvrages d'ANGUIER le jeune ».

L'arrêté de commande du groupe du Val-de-Grâce porte la date du 25 décembre 1869. Une somme de 11,000 francs fut allouée à M. LEQUIEN, qui termina ce travail en 1871. Pareille somme fut attribuée à M. DESPREY, et M. DENIS reçut 2,200 francs. Le travail fut livré en 1870.

Ajoutons que ce groupe dut être commandé parce que la fabrique de Saint-Roch, qui avait reçu de Napoléon Iᵉʳ l'œuvre originale d'ANGUIER, s'est refusée à la restituer au Val-de-Grâce.

Sur le devant de l'autel :

La Mise au tombeau. — Bas-relief. — Bronze doré. — H. 1ᵐ,97. — L. 0ᵐ,72. — Surmoulé sur celui du maître-autel de la cathédrale de Séez, par M. POUSSIELGUE, orfèvre, et fondu en 1868.

La composition comporte six figures : le Christ soutenu par Simon, saint Jean, les saintes femmes.

Ce travail remplace un bas-relief représentant le même sujet qui avait été fondu au dix-huitième siècle, d'après un modèle en terre de MICHEL ANGUIER. (CAYLUS, *loc. cit.*, p. 459.) Transporté au musée des Petits-Augustins par les soins d'ALEXANDRE LENOIR, le 24 brumaire an II (14 novembre 1793), ce bas-relief a reçu une destination qui ne nous est pas connue. (Voy. *Archives du Musée des Monuments français*, première partie, p. 13.)

Au-dessus de l'édicule formant l'exposition :

Deux Figurines d'anges. — Bronze doré. — H. 0^m,45. — Par M. CAMBOS (JULES), fondues par M. POUSSIELGUE.

Elles sont demi-couchées sur l'archivolte de la calotte et supportent la couronne royale.

Trois chapelles rayonnantes placées autour du chœur donnent à l'église du Val-de-Grâce la forme d'une croix latine. Ce sont, à gauche, la chapelle Sainte-Anne; à droite, la chapelle Saint-Louis; au fond, la chapelle du Saint-Sacrement.

CHAPELLE DE SAINTE-ANNE.

Tympan de l'entrée de la chapelle

La Miséricorde, l'Obéissance. — Bas-relief. — Pierre. — H. 3^m. — L. 3^m. — Par ANGUIER (MICHEL).

La Miséricorde, les bras étendus, semble implorer l'assistance divine.

L'Obéissance tient un faisceau de lances sur l'épaule gauche, des épis dans la main droite.

Quatre grandes archivoltes divisées en neuf caissons décorent les arcs qui supportent la voûte. Au centre, un grand médaillon.

Archivolte de l'arc d'entrée :

Allégorie. — Pierre. — Hauteur de chaque caisson : environ 0^m,70. — L., environ 0^m,75. — Par ANGUIER (MICHEL).

Dans le soffite, le Cœur brûlant sur un brûle-parfums; les Vases vides et les Vases pleins; l'Autel, au milieu du pain et du vin; la Cassolette; le Saint-Esprit; l'Encensoir, le Calice et l'Hostie; le Livre et les Chandeliers; les Vases vides et les Vases pleins; le Cœur brûlant sur un brûle-parfums.

Archivolte de gauche (ou côté ouest) :

Allégorie. — Pierre. — Hauteur de chaque caisson : environ 0^m,70. — L., environ 0^m,70. — Par ANGUIER (MICHEL).

Le Cube, le Voile blanc sur deux mains croisées; deux Cœurs joints ensemble; le Mûrier; deux Cornes d'abondance; le Joug avec le mot *suave;* l'Hysope; le Pin; le Saule.

Archivolte du fond (côté nord) :

Allégorie. — Pierre. — Hauteur de chaque caisson : environ 0^m,70. — L., environ 0^m,75. — Par ANGUIER (MICHEL).

Le Livre ouvert avec une flamme dessus, entouré de branches de chêne; la Vigne; une Couronne enfermant deux branches d'olivier;

deux Couronnes de myrte; le Pélican qui se déchire les entrailles; deux Couronnes de roses; un Trousseau de clefs; l'Enclume et le Marteau entourés d'une chaîne; l'Anneau enfermant deux palmes.

Archivolte à droite (ou côté est) :

Allégorie. — Pierre. — Hauteur de chaque caisson : environ 0^m,70. — L., environ 0^m,70. — Par ANGUIER (MICHEL).

La Corne d'abondance; le Figuier; le Grenadier et la Myrrhe; les Tourterelles; deux Mains jointes; le Pêcher; l'Amandier; le Cyprès; le Peuplier. Ces symboles se rattachent à la vie de sainte Anne et de saint Joachim.

Dans le grand médaillon du centre de la voûte ovale :

Ange. — Bas-relief. — Pierre. — H. 5^m,20. — L. 4^m,50. — Par ANGUIER (MICHEL).

Il porte les ailes éployées; il est enveloppé de draperies, une grande palme est dans la main gauche; de la droite il tient le portrait de sainte Anne, au-dessus duquel un ange, enfant, tient une couronne et une palme.

Au fond de la chapelle, sur l'autel :

Glorification de saint Vincent de Paul. — Toile cintrée par le haut. — H. 3^m,50. — L. 2^m,56. — Par LAMOTHE (LOUIS).

Saint Vincent de Paul, en pied, debout sur des nuages, en soutane et en surplis, est entouré de deux anges agenouillés. A ses pieds, quatre enfants nus, les mains tendues vers lui.

Signé à droite, au bas de la composition : L. LAMOTHE.

CHAPELLE DE SAINT-LOUIS.

Tympan de la chapelle Saint-Louis :

La Simplicité, l'Innocence. — Bas-relief. — Pierre. — H. 3^m. — L. 3^m. — Par ANGUIER (MICHEL).

La Simplicité, drapée de voiles très-amples, présente une colombe de la main gauche.

L'Innocence, un coussin sur les genoux, les mains posées au-dessus, reçoit l'eau que lui verse un ange pour la purifier des souillures de la terre. Derrière elle, un agneau.

Soffite de l'arcade d'entrée :

Allégorie. — Pierre. — Hauteur de chaque caisson, environ 0^m,70. — L., environ 0^m,75. — Par ANGUIER (MICHEL).

Le Coq; l'Olivier; le Pêcher; les Trompettes; l'Agneau; une Trompette et une selle avec ses houppes; les Tourterelles et le Lys; la Cigogne et les Agneaux.

La voûte est sans ornement, et cette chapelle ne renferme aucune œuvre d'art.

CHAPELLE DU SAINT-SACREMENT.

Tympan de la chapelle du Saint-Sacrement :

La Pauvreté, la Patience. — Bas-relief. — Pierre. — H. 3ᵐ. — L. 3ᵐ. — Par ANGUIER (MICHEL).

La Pauvreté, une besace sur l'épaule gauche, repousse de la main droite un vase de prix et des monnaies.

La Patience, les deux mains jointes, appuyées sur une branche d'olivier, jette les regards sur des rayons lumineux qui lui rappellent les récompenses éternelles.

Dans les pendentifs de la coupole sont représentés :

Les Quatre grands Docteurs de l'Église. — Bas-reliefs. — Pierre. — Hauteur de chaque figure : H. 2ᵐ,30. — L. 2ᵐ. — Auteur inconnu.

Nous savons par Guillet de Saint-Georges (*Mémoires*, t. I, p. 286) que BUYSTER fut employé à une partie de la sculpture de l'église du Val-de-Grâce. Convient-il de lui attribuer ces figures de Docteurs, qui ne paraissent pas être de la main de MICHEL ANGUIER?

Saint Augustin, revêtu d'une chape, est assis dans un fauteuil très-orné à dossier élevé; il s'appuie sur une table-pupitre, et est penché sur le livre où il écrit. Au-dessus de lui, une tablette chargée de livres et un sablier.

Saint Grégoire, assis, portant une chape, une plume dans la main droite, est occupé à écrire; il se retourne pour consulter des manuscrits accumulés en désordre sur une table. Les bras du fauteuil dans lequel le saint est assis sont terminés par des têtes de lion.

Saint Jérôme, assis dans une grotte, la tête nue, renversée sur l'épaule gauche; une main pose sur le cœur, l'autre appuie sur un livre ouvert. Il porte une longue barbe et est vêtu d'une tunique aux larges plis. Il se retourne vers les rayons qui pénètrent dans la grotte. A ses pieds, un lion.

Saint Ambroise, en costume épiscopal, assis, les bras étendus, ouvre les Livres saints, qu'il paraît consulter. La main droite tient une plume, et le saint se dispose à écrire.

Ils sont accompagnés d'intéressants objets mobiliers, tels que tables, pupitres, siéges, etc.

Sur la voûte en calotte de la niche absidale :

Le Christ présentant la sainte Hostie à l'adoration des Anges qui l'entourent. — Peinture murale à l'huile. — Diam. 4ᵐ,80. — Par CHAMPAIGNE (PHILIPPE DE), qui aurait été aidé dans ce travail par CHAMPAIGNE (JEAN-BAPTISTE DE).

Au centre, le Christ, drapé de bleu, porte aux mains les stigmates. Il est entouré de neuf figures d'anges, de grandeur naturelle, et de vingt-cinq têtes d'anges ailées.

ORATOIRE DE LA REINE.

Il existe dans cette petite chapelle, située à droite du maître-autel, entre la chapelle Saint-Louis et la chapelle du Saint-Sacrement, six peintures murales représentant des *Fabriques* et des *Paysages*, sans signature; elles pourraient être attribuées à l'ami intime de MIGNARD, DU FRESNOY, qui, on le sait, ne le quitta guère pendant l'exécution de son travail au Val-de-Grâce et l'aida de ses conseils. Ces peintures sont détériorées.

SACRISTIE.

On y conserve un calice en or du temps de Louis XVI, dans lequel ont été ajustées des parties plus anciennes qui doivent dater du siècle de Louis XIV. — H. 0ᵐ,34. — Diam. du pied : 0ᵐ,175.

PAVILLON D'ANNE D'AUTRICHE.

A l'angle nord-est du cloître est situé le pavillon qu'habitait Anne d'Autriche, pendant ses fréquentes visites à l'abbaye. La première pierre en fut posée le 27 avril 1655, par Philippe de France, duc d'Orléans, frère du Roi. Au rez-de-chaussée de ce pavillon se trouve une grande pièce dite *Salon de la Reine*, qui n'a été, sans doute, qu'un salon-vestibule, l'habitation proprement dite ayant dû être au premier étage. Elle a été restaurée, en 1868, par le génie militaire, et meublée par le mobilier de la couronne, sur les dessins de M. V. RUPRICH-ROBERT.

Il s'y trouve un portrait :

La Reine mère. — Toile. — H. 1ᵐ,14. — L. 1ᵐ,12. — Par madame ROUSSEL, d'après l'un des portraits de la Reine mère placés au Musée de Versailles.

La tête nue, le corsage couvert de pierreries, la main droite appuyée sur le genou, elle relève le manteau royal de la main gauche. Des gants sur la table.

CABINET DU MÉDECIN EN CHEF.

Le cabinet du médecin en chef est situé dans la partie des bâtiments où se trouve le Pavillon des Officiers.

Ce cabinet renferme :

Nicolas-René Dufriche, baron Desgenettes (1762-1837), médecin en chef du Val-

de-Grâce. — Buste. — Plâtre. —
H.0ᵐ,58.— Par David d'Angers (Pierre-
Jean).

Ce buste, dont le modèle original est au
musée David, est décrit dans l'*Inventaire*,
Province, *Monuments civils*, t. III, p. 122.

François-Joseph-Victor Broussais (1772-
1838), médecin en chef du Val-de-
Grâce, — Buste. — Plâtre. — H. 0ᵐ,60.
— Par Bra (Eustache-Marie-Joseph).

Tête nue, tournée vers l'épaule gauche;
barbe. Sans indication de vêtement.

Signé à la section de l'épaule gauche :
Bra 1838.

Sur la face antérieure du socle est gravé :
Broussais.

Dominique-Jean baron Larrey (1766-
1842), *chirurgien militaire*. — Buste.
—Plâtre.— H. 0ᵐ,60. — Par Elshoect
(Jean-Jacques-Marie Carle Vital).

Tête nue, de face; longs cheveux bouclés
sur la nuque. Sans indication de vêtement.

Signé à gauche, sur le socle : Carle
Elshoect sculp. 1842.

Sur la face antérieure du socle est gravé:
Dᵉᵘ Larrey.

Une réplique de ce buste, donnée par l'auteur, appartient à M.Hippolyte, baron Larrey.

Jean-Baptiste-Louis Baudens (1804-
1857), chirurgien en chef du Val-de-
Grâce).—Buste.—Marbre.—H.0ᵐ,65.
— Par Poitevin (Philippe).

Tête nue, de face; cheveux relevés sur le
front. Sans indication de vêtement.

Signé à gauche : Philippe Poitevin.

Louis-Jacques Begin (1793-1859), pro-
fesseur d'anatomie pathologique au
Val-de-Grâce. — Buste. — Plâtre. —
H. 0ᵐ,52. —Par Barre (Jean-Auguste).

Tête nue, de face; barbe sur les joues;
cheveux abondants ramenés sur les tempes.

*A la section de l'épaule gauche est écrit
à l'ébauchoir en caractères romains :*
A Monsieur Begin, Auguste Barre, 1835.

Sur la face antérieure du socle est gravé :
Begin.

Michel Lévy (1809-1872), chirurgien mi-
litaire), médecin principal du Val-de-
Grâce.—Buste.—Plâtre.—H.0ᵐ,55.
— Par M. Francès (.....).

Tête nue, tournée vers l'épaule droite;
front chauve; barbe sur les joues; cravate;
habit ouvert; décoration.

Signé à la section de l'épaule gauche :
Francès.

Le marbre original de ce buste est l'œuvre
d'Adam-Salomon. Il appartient à madame
Michel Lévy.

BIBLIOTHÈQUE
DE L'ÉCOLE DE MÉDECINE DU VAL-DE-GRACE.

La bibliothèque est située dans le corps de
bâtiment qui longe la rue Saint-Jacques, à
droite de l'entrée principale.

Dans la bibliothèque est conservé le tableau
qui suit :

Nicolas-René Dufriche, baron Desgenettes.
— Toile. — H. 0ᵐ,72. — L. 0ᵐ,58. —
Par Vernet (Émile-Jean-Horace).

A mi-corps, de trois quarts, à droite, tête
nue, cheveux blancs en désordre; barbe sur
les joues; costume de médecin militaire : frac
bleu, col orné de passementeries d'or; croix
de commandeur de la Légion d'honneur et
décoration étrangère. Sous le bras de Desgenettes est un portefeuille sur lequel on lit :
.....n en chef. Au fond, à gauche, derrière
le personnage, des tentes d'ambulance.

Signé au bas de la toile, vers le milieu :
H. Vernet.

—

On peut consulter : *État des tableaux et
statues concédés en jouissance depuis le
30 mars 1814, à diverses églises*, d'après le
manuscrit du Louvre, par M. L. Courajod
(*Nouvelles Archives de l'art français*,1878,
p. 371 et suiv.). A la page 373, on lit :

Le Thière. — *La Résurrection de Jésus-
Christ.* — Au Val-de-Grâce.

Gaillot. — *Saint Martin donne son manteau.* — Idem.

Franque. — *La Conversion de saint Paul.*
—Idem.

Ces tableaux ne se trouvent plus à l'hôpital.

V. RUPRICH-ROBERT,
Inspecteur général des monuments historiques.

Paris, le 1ᵉʳ octobre 1883.

TABLE

DES NOMS MENTIONNÉS DANS LA MONOGRAPHIE.

Nota. — L'abréviation *arch.* signifie architecte; *éb.*, ébéniste; *fond.*, fondeur; *gr.*, graveur; *lith.*, lithographe; *orf.*, orfèvre; *p.*, peintre; *p. verr.*, peintre verrier; *sc.*, sculpteur.